中国儿童核心素养培养计划

课后半小时 小学生阶段阅读

文化基础 自主发展 社会参与

生命密码

课后半小时编辑组■编著

揭示生命的奥秘

026

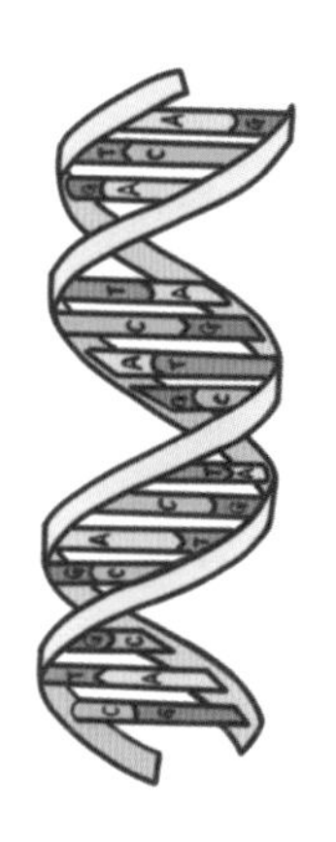

北京理工大学出版社
BEIJING INSTITUTE OF TECHNOLOGY PRESS

核心素养之旅

Journey of Core Literacy

中国学生发展核心素养，指的是学生应具备的、能够适应终身发展和社会发展的必备品格和关键能力。简单来说，它是可以武装你的铠甲、是可以助力你成长的利器。有了它，再多的坎坷你都可以跨过，然后一路登上最高的山巅。怎么样，你准备好开启你的核心素养之旅了吗？

文化基础

科学基础

- 第 1 天 万能数学：数学思维
- 第 2 天 地理世界：观察能力 地理基础
- 第 3 天 物理现象：观察能力 物理基础
- 第 4 天 神奇生物：观察能力 生物基础
- 第 5 天 奇妙化学：理解能力 想象能力 化学基础

科学精神

- 第 6 天 寻找科学：观察能力 探究能力
- 第 7 天 科学思维：逻辑推理
- 第 8 天 科学实践：探究能力 逻辑推理
- 第 9 天 科学成果：探究能力 批判思维
- 第 10 天 科学态度：批判思维

人文底蕴

- 第 11 天 美丽中国：传承能力
- 第 12 天 中国历史：人文情怀 传承能力
- 第 13 天 中国文化：传承能力
- 第 14 天 连接世界：人文情怀 国际视野
- 第 15 天 多彩世界：国际视野

自主发展

学会学习

- 第 16 天 探秘大脑：反思能力
- 第 17 天 高效学习：自主能力 规划能力
- 第 18 天 学会观察：观察能力 反思能力
- 第 19 天 学会应用：自主能力
- 第 20 天 机器学习：信息意识

健康生活

- 第 21 天 认识自己：抗挫折能力 自信感
- 第 22 天 社会交往：社交能力 情商力

社会参与

责任担当

- 第 23 天 国防科技：民族自信
- 第 24 天 中国力量：民族自信
- 第 25 天 保护地球：责任感 反思能力 国际视野

实践创新

- 第 26 天 生命密码 • 创新实践
- 第 27 天 生物技术：创新实践
- 第 28 天 世纪能源：创新实践
- 第 29 天 空天梦想：创新实践
- 第 30 天 工程思维：创新实践

总结复习

- 第 31 天 概念之书

中国儿童核心素养培养计划

课后半小时 小学生阶段阅读

文化基础 ✖ 自主发展 ✖ 社会参与

026

FINDING 发现生活

EXPLORATION 上下求索

卷首

COLUMN 青出于蓝

THINKING 行成于思

卷首

生命的密码

20 世纪足以在科学史上留下关键的一笔，在那个承前启后的关键时代，多项颠覆性的科学概念和技术应用把人类社会引领到新的历史阶段。如果说原子的发现推动了物理学的革命，互联网的发明带来了信息技术的革命，那么，“基因”的发现就是生物学与生命科学发展之路上一座杰出的里程碑。

基因既是遗传物质的基本单位，也是一切生物信息的基础，破解了基因的运行机制，也就破解了生命的密码。而这份密码里包含着人类的病理、行为、性格、疾病、种族等信息。如今，基因测序、基因克隆等技术迅速发展，人类基因组计划也完成了全部人类基因的比对与测序工作，动植物及微生物基因组计划、万种原生生物基因组计划等一系列基因测序工程也正在推进，人类从来没有像今天这样无限接近生命的真相。

基因技术与每个人息息相关。比如你的餐桌上可能就有太空育种的蔬果，这利用的是基因突变……你可能还听说过许多关于基因的传言，比如是不是基因决定了人的成败、转基因食品能不能放心食用……

作为一名崇尚科学、追求真理的新世纪公民，每个人都应当更多地了解一些关于基因的科学知识。比如，我们可以像读历史传记那样，去了解基因理论的起源和发展；我们可以像读探案故事那样，以科学家们不断遇到的问题为线索，了解科学家们在探究基因奥秘的过程中攻坚克难的事迹，厘清基因理论与技术发展的脉络。我们可以多了解一些基因技术应用的宏大工程，以及它们的广阔前景，从而真切地感受到科学让生活更美好。我们也要了解基因理论被歪曲、误解而导致的一些教训，从而用科学的目光审视新生事物，而不是人云亦云地盲从。

在本册书里，我们将一起揭开基因的神秘面纱，走近生命的本源。

杨焕明
中国科学院院士，基因组学家

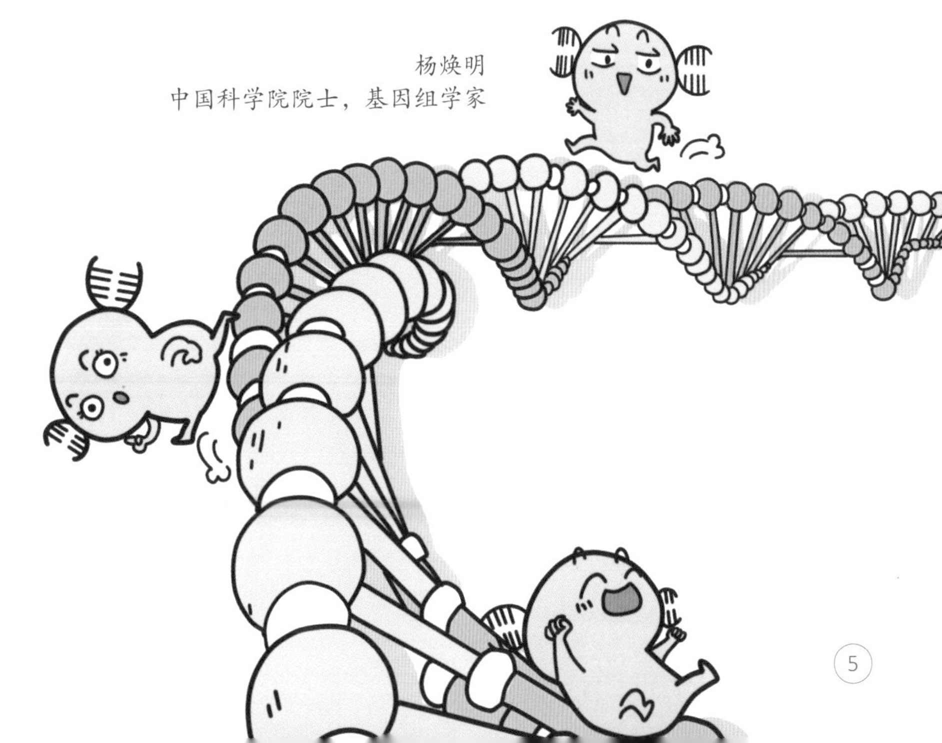

多彩的生命

撰文：陶然

当我们流连于生机勃勃的森林、草原、湿地等原生态景点时，最引人注目的，当属多彩的生命。在欣赏它们的同时，你可曾想过究竟是什么构成了这奇妙的生命之美呢？

生命之美离不开生态多样性。地球上有多种生态类型，它们维系着生命所必需的物质循环和能量流动，这对于生物的生存、进化和持续发展而言都是至关重要的。

延伸知识

生态系统指在自然界的一定的空间内、生物与环境构成的统一整体，在这个统一整体中，生物与环境之间相互影响、相互制约，并在一定时期内处于相对稳定的动态平衡状态。典型的生态系统包括森林生态系统、草原生态系统、海洋生态系统、湿地生态系统、沙漠生态系统、农田生态系统等。

生物依赖环境生存，但是也在悄悄改变着自己的生活环境。

生命之美离不开物种多样性，也就是动植物及微生物种类的丰富性，它是人类生存和发展的基础。物种资源为人类提供了必要的物质基础，特别是在医学方面，许多野外生物种属的医药价值对人类的健康具有重大意义。随着医学的发展，许多人类未知物种的医药价值也将不断被发现。

延伸知识

物种多样性最丰富的生态系统当属热带雨林生态系统，因为地球上 40% ~ 75% 的物种栖息在热带雨林中。世界上的热带雨林主要分布于赤道附近的热带地区，包括东南亚、南美洲亚马孙河流域、非洲刚果河流域。热带雨林的保护现状不容乐观，世界上最大的热带雨林——亚马孙雨林每年被砍伐的植被面积达上万平方千米，由于热带雨林的土壤相对贫瘠，养分主要集中在动态循环的过程中，因此，这种平衡一旦被破坏，就极难恢复。

生命之美还离不开遗传多样性，也就是存在于生物个体内、单个物种内以及物种之间的基因多样性。一个物种的遗传组成决定着它的特点，这包括它对特定环境的适应性，以及它被人类的可利用性等特点。任何一个特定的个体和物种都保存着大量的遗传类型，犹如一座基因库。基因多样性是生命进化和物种分化的基础。一个物种的遗传变异越丰富，它对生存环境的适应能力便越强；而一个物种的适应能力越强，则它的进化潜力也便越大。

主编有话说

基因多样性对于一个物种的繁衍生息至关重要，比如我国动物保护中的典型案例——华南虎。尽管现在全国动物园中还圈养着近200只华南虎，但野生华南虎的绝迹使圈养华南虎只能长期近亲繁殖，这就导致华南虎基因多样性大不如前，缺乏新的个体基因加入，后代体内的劣势基因便被放大，部分新繁衍出的幼虎表现出明显的智力或运动障碍，几乎不具备独立生活的能力，也就是俗称的“一代不如一代”。尽管人们试图通过恢复栖息地、野化圈养华南虎并将它们放归自然的方式让沉寂已久的山林重新响起虎啸，但基因多样性不足还是成为华南虎野化放归计划的重大障碍。

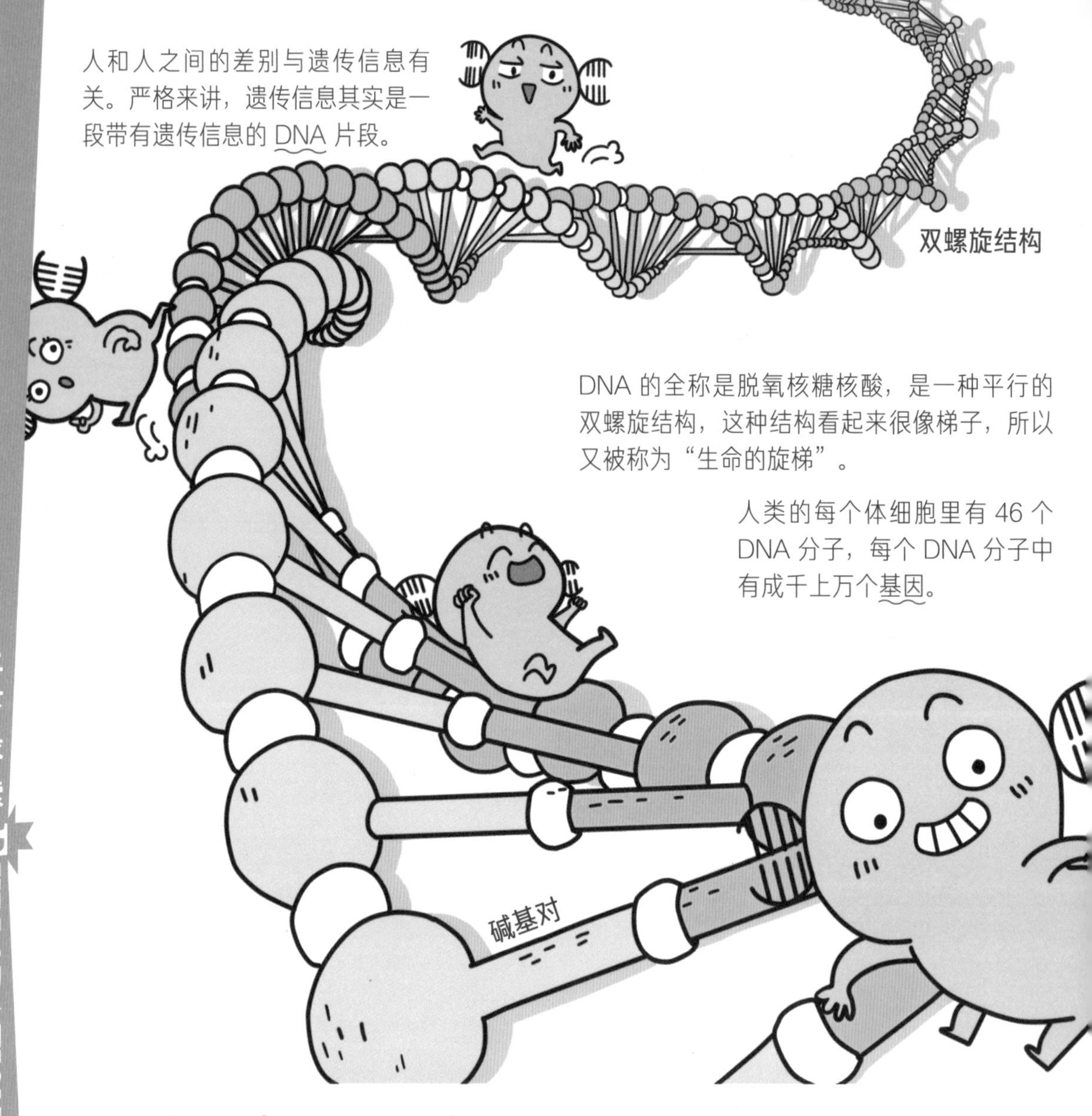

生命的密码——基因

撰文：一喵师太

你也许早已听过基因的大名了，对于这个词的翻译非常巧妙，既兼顾了 gene 的读音，也准确传递了“生命中最基本的因素”的含义。之所以说它是生命中最基本的因素，是因为基因不仅控制着细胞蛋白质的合成，也控制着生命的性状，还决定着生命的出生、成长、发育、成熟、衰老等一系列过程。

除了控制每个生命个体的特征外，基因还承载着生命的演化信息。人类与万物有着共同的祖先——原始的单细胞生命，所以地球上的生命形式都有着或高或低的相似度，而且在进化之路上分道扬镳的时间越晚，基因的相似度就越高。比如，此刻正在阅读的你，和窗外悠哉爬过的蚂蚁的基因相似度竟达 33%，生命就是这样充满了妙趣。

早期草类植物基因与人类基因的相似度为 17%。

苍蝇基因与人类基因的相似度为 39%。

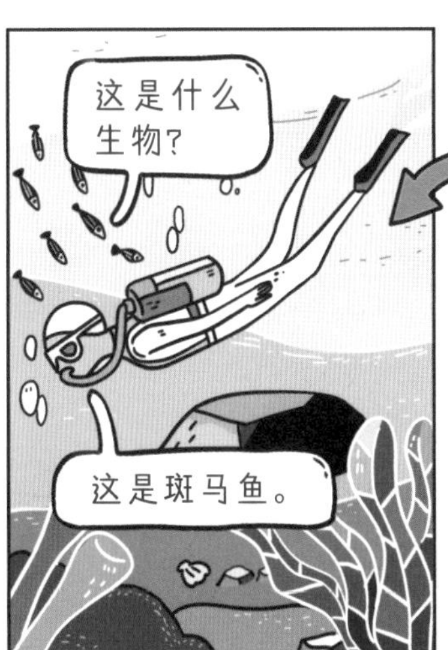

斑马鱼基因与人类基因的相似度达到 63%。

小鼠基因与人类基因的相似度为 80%。

黑猩猩基因与人类基因的相似度达到 96%。

而人类与人类之间基因的相似度则高达 99.5%！

20 世纪 50 年代以后，随着分子遗传学的发展，尤其是科学家提出双螺旋结构以后，人们才真正认识了基因的本质。尽管人们认识基因的历史并不久远，但对基因的研究却展现了非凡的科学意义和现实价值。

研究基因还可以帮助人们发现生命生长发育的规律，找到不同生物之间的差异和造成这些差异的原因……
咦？这上面的字母是什么？
这些字母是碱基对的名字，或者说是代号。构成DNA的碱基对有四种，分别是A-T、T-A、C-G和G-C。
基因
既然基因这么重要，人们现在应该已经破解了不少种生物的基因密码吧？
那倒没有，毕竟破解基因密码的难度非常大。
现在人们已经破解的动植物基因密码只有500多种，正在进行的科研项目也才不到1 000个，
可地球上的物种预计有870多万种呢！对于人类来说，探索基因之路才刚刚开始。

来自父母的礼物
——基因是这样传承的

撰文：豆豆菲

日常生活中，如果某人表现出了某种与生俱来的天赋，人们常常会夸赞他“天生有某某方面的基因”。那么，如此重要的基因为什么会出现在我们的身体中呢？它真的是与生俱来的吗？让我们来到细胞工厂，一起看看基因的来源吧。

主编有话说

要寻找基因，首先要找到染色体。染色体是细胞核内的容易被碱性颜料染成深色的物质，由 DNA 和蛋白质组成，DNA 是遗传物质的载体，基因正是DNA分子上具有特定遗传信息、能够决定生物某一性状的片段。

基因排列在染色体上，父母的染色体分裂重组后遗传了基因。

人类的全部遗传信息分段储存在 23 对染色体中，前 22 对染色体在男性和女性的身体中是相同的，我们称之为常染色体。而第 23 对染色体比较特殊，它决定了人的性别差异，女性有两条 X 染色体，男性则有一条 X 染色体和一条 Y 染色体。来自母亲的卵子和父亲的精子都只随机携带了各自一半的染色体（23 条），当卵子和精子结合后，二者的染色体又组合成为一套孩子的染色体（23 对）。因此，孩子的 DNA 有一半与自己的母亲相同，而另一半与自己的父亲相同，可以说，每个人的基因都是父母赠送的礼物。

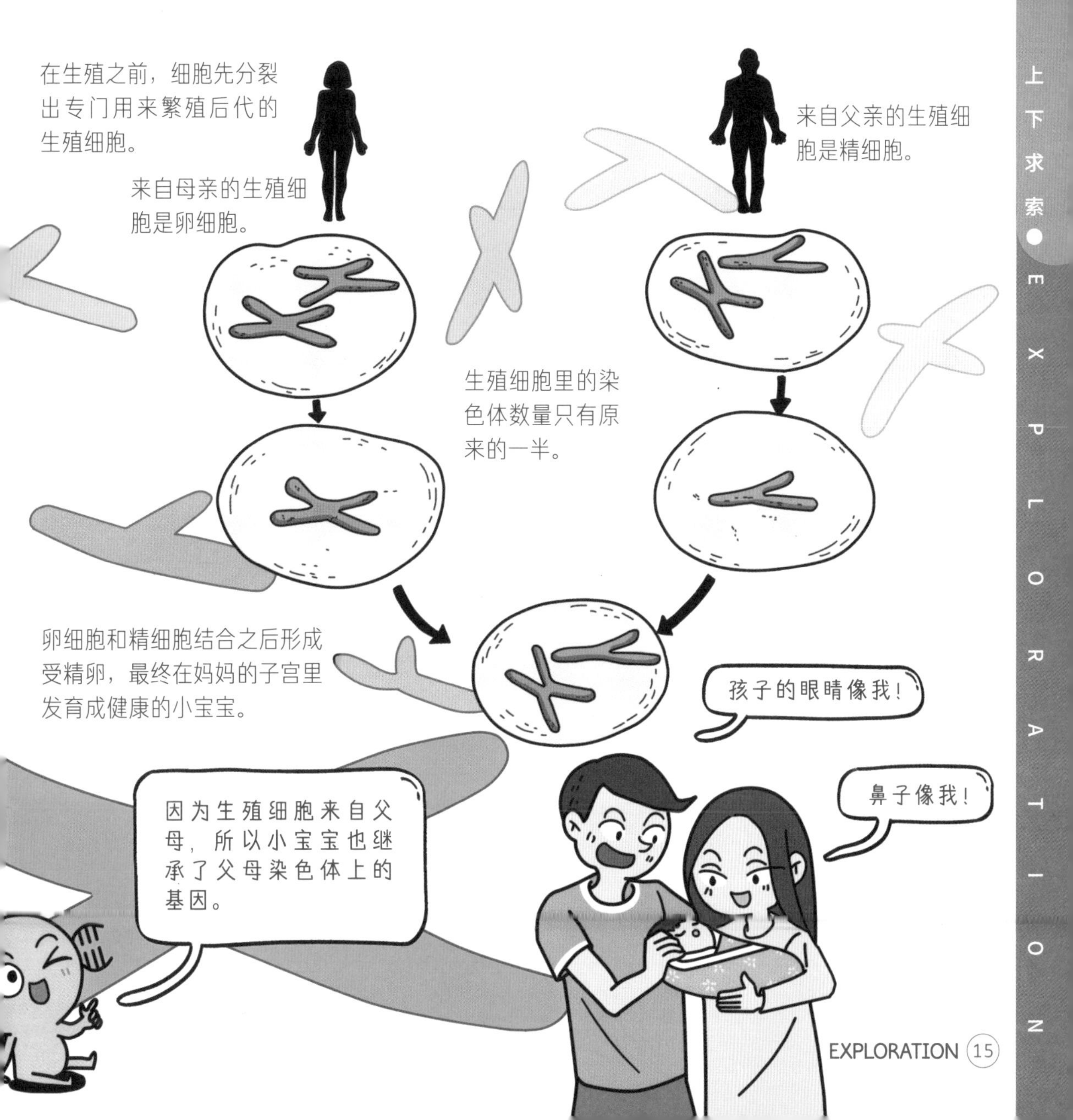

基因可以忠实地复制自己，从而保证每种生物维持基本特点。

事故还是惊喜——基因突变

撰文：十九郎　　美术：姗姗

我的第二个才能是突变，但这需要一定的条件才能发生。

基因突变的生物会表现出祖先没有的特点。看吧，这只小白狗因为基因突变，呈现出了与狗妈妈以及兄弟姐妹不同的外貌。

了，基因复制程序出故
了，可千万别突变啊！
一般情况下，我可以稳定地复制自己，但是万一发生什么意外，我的复制过程就会出现偏差。
咔
基因复制工厂
终于到我突变基因上场了！
基因真的突变了，它在那儿！

好一把双刃剑——基因突变的利与弊

撰文：硫克

基因突变在生物界相当普遍，广泛存在于动物、植物、真菌、细菌、病毒中。基因突变的结果是随机的，而且大概率是有害的，比如人类的红绿色盲症、白化病、癌症等就是基因突变的结果。尤其是癌症，已经成为损害现代人生命健康的重大因素之一。

延伸知识

导致基因突变的因素很多，X射线、紫外线、激光、某些化学物质、某些细菌和病毒等。比如在发生过核泄漏的封锁区，时常会出现一些畸形变异的动物，它们就是基因突变的“受害者”。

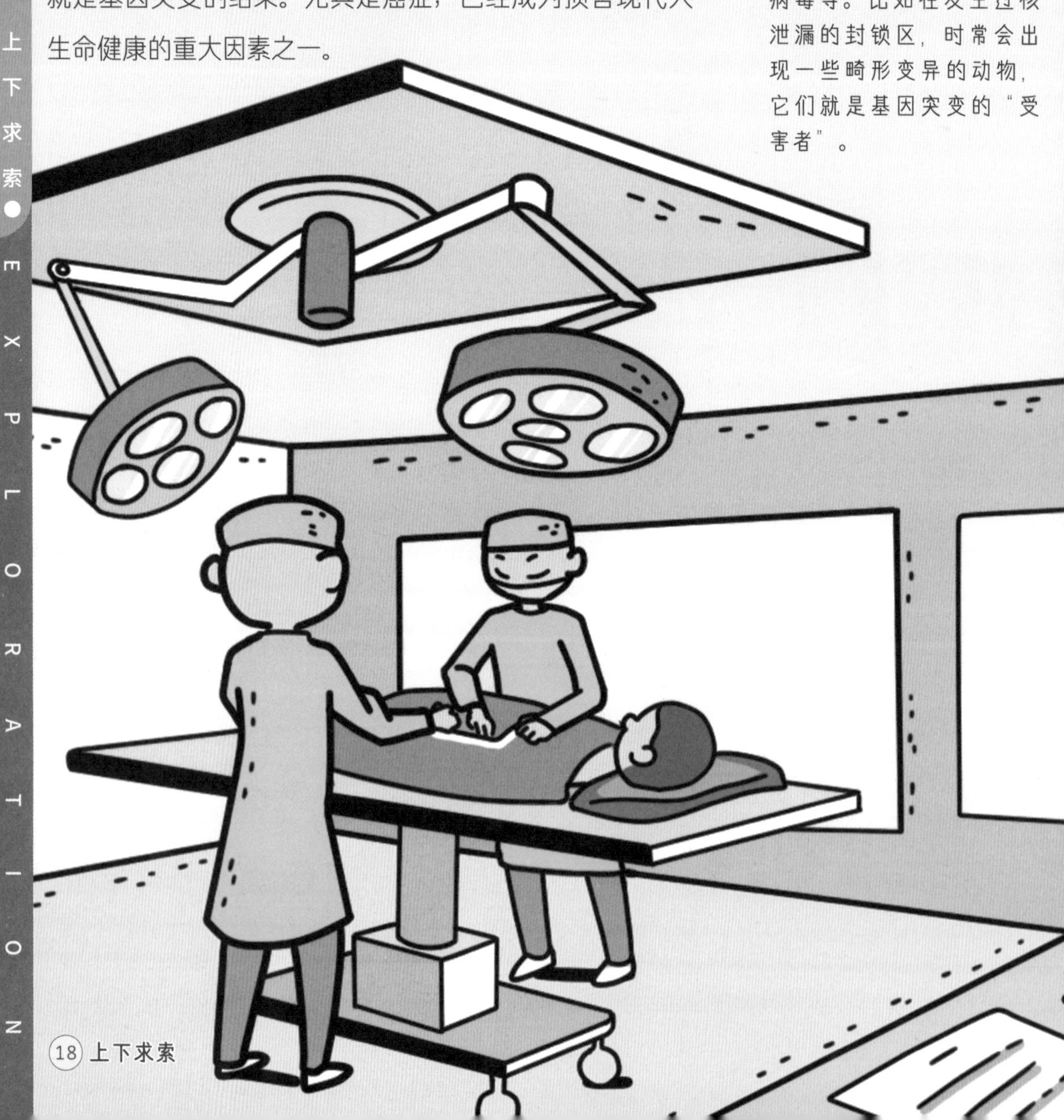

尽管基因突变造成了巨大的危害，但它也有着自己独到的功劳。

很久以前，最古老的动物栖息在水里，随着环境改变，为了拓展生存空间，更好地适应陆地环境，一部分鱼类基因突变，登上陆地，演化出了四肢。后来，也是由于基因突变，古猿逐渐演化成了现代人。可以说，生物进化与基因突变息息相关。

主编有话说

以变异为核心的进化是生命所固有的特性，生命会一代一代地产生基因突变，而突变可以通过遗传在下一代积累加强。生物进化就是生物在一代代的传承中发生遗传改变的过程。

通常，多数基因突变对生物是有害的，不能遗传到下一代。但随着科技的进步，科学家可以对基因突变进行筛选，去除有害突变，留下有利突变，比如太空育种就是这方面的典型应用。

延伸知识

太空育种就是利用太空中强辐射、微重力、高真空的太空综合环境，诱发植物种子的基因突变，从而让它们展现出不同的性状。基因工程专家把农作物的种子或试管种苗送到太空中，利用那里特殊的环境诱发它们产生基因突变，然后再返回地面选育新种子、新材料。

太空育种实验始于 20 世纪 70 年代美、苏两国之间的太空竞赛。1987 年，我国的第一批太空种子搭乘卫星上天，返回之后在试验田种下，产量有所提高。比如，参加实验的水稻种子“华航 1 号”，其产量比一般水稻高出 5%~10%。

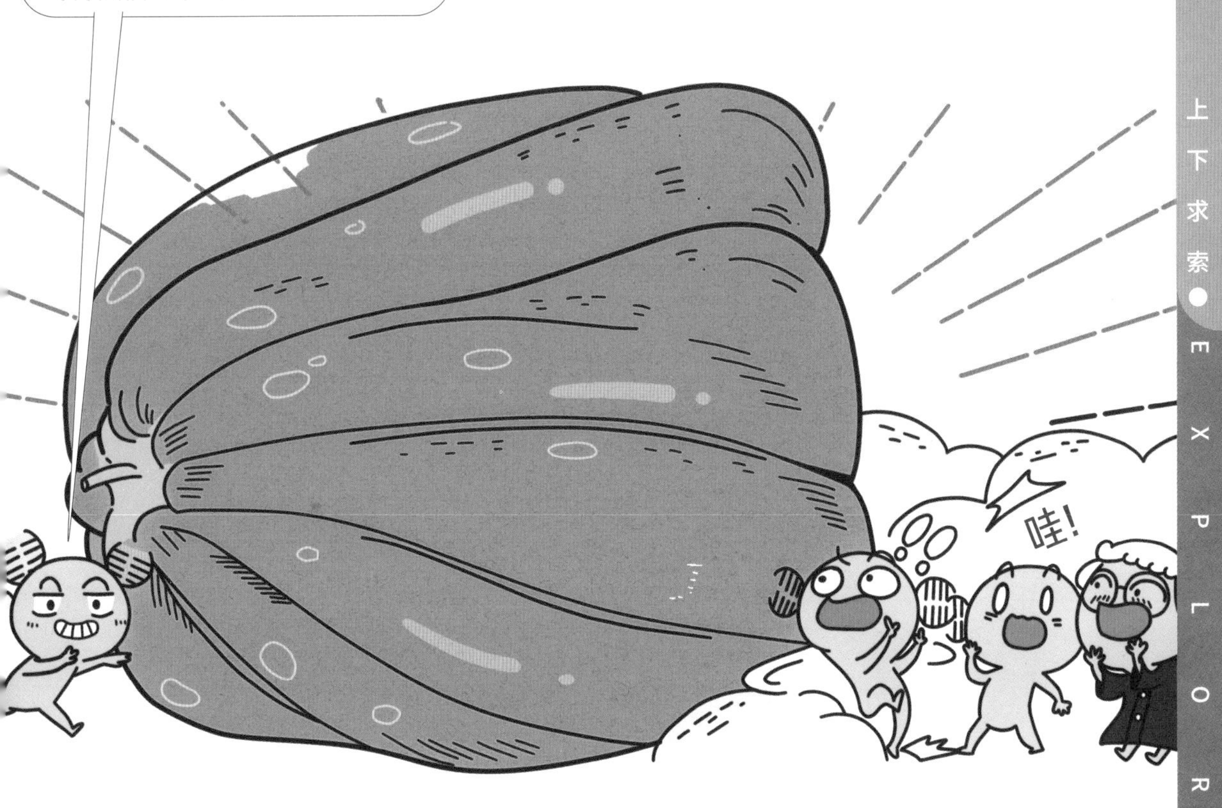

当然，基因突变具有不确定性，所以还需要对其进行定向选择，最后得到人们想要的品种。参加太空育种实验的种子并不会立即被推广种植，要先经过试验田的筛选，这一过程，会对植物内的各种物质的含量进行检测以确保安全。此外，太空育种提高了作物产量，有利于通过扩大生产规模来降低农产品的价格。人们日常生活中接触到的许多蔬果品种都经历过太空育种，可以说太空育种已经成为现代农业发展中的关键一环。

基因技术的应用
——基因测序

撰文：张婉月

基因是如此重要，因此科学家们致力于洞悉基因的奥秘，破译这生命的密码，借助的关键技术就是“基因测序”。

“基因测序”是一种新型基因检测技术，能够从生物细胞中分析测定基因全序列，是人们识别病毒、诊治疾病的好帮手。

还敢跑？跑到天涯海角我也要捉到你！

2002 到 2003 年，SARS（重症急性呼吸综合征）肆虐，科学家们耗时 5 个多月，才最终确认它是一种未曾出现过的冠状病毒。

2019 年，人类再次面对新型冠状病毒感染的挑战，而这一次，中国科学家只用了 3 天时间，就确定了新型冠状病毒的基因序列。
第二代基因技术采用了“大规模并行”的方法，可以在很短的时间内抓住病毒基因。
大家看仔细了！头上戴着假皇冠的就是病毒！
基因序列就像一张“通缉令”，上面绘制了病毒的特征，按照这张“通缉令”的指示，可以迅速筛查出人们是否感染了病毒。
采集
通过（以最常见的咽拭子为例）采集咽和扁桃体中的分泌物，可以获得人体的基因信息。
“核酸检测”就是这样确定人们是否感染病毒的。
退！退！退！
分析
把人体的基因信息和病毒的基因信息进行对照。
结果
如果样本中没有发现病毒的基因信息，这个人就是健康，安全的。

现在的第三代和第四代基因测序技术更加发达、更加便捷。

第三代和第四代基因测序技术使用了更先进的方法，可以把排查范围进一步缩小，甚至可以直接找到某段 DNA 上发生异变的核苷酸，从而实现快速排查病因的目的。

基因测序还能用于肿瘤的治疗。在患病前评估受检者罹患肿瘤的风险，并实施有效的监测、预警和干预，降低癌症发病率；当肿瘤形成时，及时介入肿瘤的早期诊断，协助分析肿瘤类别，快速寻找治疗方案，提高治愈率；在肿瘤愈后继续监控，及时、准确地监测肿瘤的复发情况，以利于及时治疗。

基因技术的展望——基因图谱

撰文：豆豆菲

随着基因测序技术的发展，我们有望能绘制出大规模人群的基因图谱，这将在生物研究、医药保健方面有着广阔的前景。二代测序的普及使低成本基因组测序成为可能，在精准医疗和大数据的加持下，大规模人群测序成为流行病学研究的重要方向。

对数万人甚至数百万人进行基因测序及队列研究可以揭示疾病的病因、评价预防效果、揭示疾病的自然史、掌握人口健康状况、引导实验设计、指导临床和早期诊断干预策略，从而提高疾病防治水平，降低社会卫生负担。

精准医疗是随着基因测序技术进步以及生物信息与大数据科学的交叉应用而发展起来的新型医学概念与医疗模式。精准医疗通过对大样本人群与特定疾病类型进行分析与鉴定、验证与应用，精确地寻找到疾病的原因，并对同一种疾病不同状态和过程进行精确分类，最终实现对于疾病和特定患者进行个性化精准治疗的目的，从而提高疾病诊治与预防的效率。
856
590
643
390
患者666号
基因测序结果
我觉得我是健康基因！
过，只看一个人的基因据是不够的，因为这并有参照性。
对于医生来说，可供参考的资料越多，做出的判断就越准确，这就是“大数据”的用处。
以，只有采集更多的基数据，才能知道健康的因是什么样子的。
我们才是健康基因！
好吧……
不过，现在的数据依然不够多，还不能实现“精准医疗”。但是，我相信这一天很快就会到来的！
上下求索
EXPLORATION

基因图谱是宝贵的
健康信息。
基因图谱可以帮助医生了解胎儿的身体状况，甚至可以在胎儿出生前治愈他们的某些疾病。

基因图谱是“精准医疗”的基础，可以让每个人都用上最合适的治疗手段，让人们更健康、更长寿。
基因图谱可以让人们更了解自己的性格和情感变化，让生活更轻松、更快乐。
热爱运动
喜欢安静
随着基因测序技术的普及，未来我们将会掌握基因图谱这份健康秘籍。

基因技术的宏伟工程——人类基因组计划与动植物基因组计划

撰文：一喵师太

“国际千人基因组计划”启动于2008年1月，旨在提供最详尽的人类遗传变异图谱，从而推动基因组学在疾病健康领域应用的进程。目前，我国正在进行大规模亚洲人基因测序以及相应的生物信息分析工作。
“非洲人类遗传与健康计划项目”是一个研究非洲人基因组学和医学遗传学的倡议，其目标是建设非洲大陆的基础研究设施，培训研究人员和临床医生。
非洲人类遗传与健康计划项目

上下求索●EXPLORATION

2018 年 11 月，“地球生物基因组计划”正式启动，其目标是提供 180 万种已命名的植物、动物和真菌以及单细胞真核生物的完整 DNA 序列目录。
地球生物基因组计划

万种原生生物基因组计划
原生生物主要是由单细胞真核生物组成的一大类群，它们既是水生态系统的重要组成部分，也是水生动物优良饵料和人类的营养品。
2019 年 12 月 30 日，“万种原生生物基因组计划”在中国科学院水生生物研究所正式对外发布。该计划旨在绘制万种代表性原生生物基因组图谱，从而建立一个大规模的原生生物遗传资源数据库。

1998 年，“国际水稻基因组测序计划”正式启动，中国与日本、美国、法国、韩国、印度等国一道成为参与这一计划的成员。2002 年 12 月 12 日，中国宣布水稻基因组“精细图”已经完成。水稻基因组计划研究包括水稻基因组测序和水稻基因组信息，是继人类基因组计划后的又一重大国际合作的基因组研究项目。

2009 年，科学家们从 4000 年前的古代人类头发中提取出细胞核 DNA 碎片，并完成了世界首例古人类全基因组的深度序列测定和解读工作。研究证明，在现代美洲原住民迁徙到美洲之前，还有更早一批黄种人群体经西伯利亚迁徙到美洲，为解决这一人类演化历史中的重大问题提供了根本证据。

COLUMN

青出于蓝

人的成就完全是由基因决定的吗？

答 人的许多生命特征是由基因决定的，比如长成什么模样、可能会患上什么疾病、具有怎样的特长或天赋等。因此，有人认为，人生的成就也是由基因决定的，那些伟人之所以能取得卓越的成就正是因为具有天才基因。

显然，这种观点夸大了基因的作用、抹杀了后天的努力。诚然，基因非常重要，但后天的执着追求同样是不可或缺的。纵览历史，我们能看到许多通过后天的勤奋弥补先天不足的案例，比如著名数学家陈景润就是“勤能补拙”的典范；我们也能看到许多自恃天才但最终泯然众人的反例，比如北宋文学家王安石写文章惋惜的神童仲永。

这些真实的案例启发我们：每个人都追求让人生有意义、追求在某一领域取得成功，但成功是由多方面因素组成的，如果我们一味迷信基因的力量，就会让自己产生自怨自艾、消极沮丧或是盲目乐观、自满自负的心态，而这些不成熟的心态恰恰是走向成功的阻碍。

所以，我们不必盲从“基因决定论”，要让知识与学习成为自己的底气，用谦逊而又自信的心态去迎接成功之路上的一次次挑战。

张可文

北京市育才中学资深生物教师，北京市西城区骨干教师

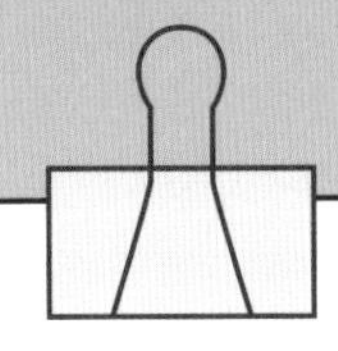

转基因食品真的有危害吗？

答 对于食品，许多人更偏爱天然的、绿色的，而一看到标签上的“转基因”，很容易就会觉得这类食品不天然、不健康，甚至产生恐慌的情绪，避之不及。

显然，这种情绪是毫无必要的。转基因作物就是将一种生物的一个或几个基因转移到另一种生物体内，让后一种生物获得新的性状从而得到的品种。比如，将抗虫基因转入棉花、水稻或玉米中，培育出对棉铃虫、卷叶螟及玉米螟等昆虫具有抗性的转基因棉花、水稻或玉米。

一部分人存在“吃了转基因食品会被转基因”的误解，这是缺乏科学依据的想当然。食品中本来就有成千上万个基因，转进去的这一个或几个基因跟另外那成千上万个基因一样，在胃里很快会被消化掉，它们根本没有任何机会去改变我们的基因。

实际上，基因的交换、转移和改变是自然界中常见的现象，是推动生物进化的重要力量。正是因为基因的改变，物种才能够不断具有新的性状，才能进一步发展，产生新的物种，从而形成自然界绚丽多姿的生物多样性。

汪诘

科普作家，文津图书奖获奖作者，著有《时间的形状：相对论史话》

THINKING 头脑风暴

选一选

01 遗传多样性是指存在于生物个体内、单个物种内以及物种之间的（　）。

A. 生态多样性

B. 物种多样性

C. 基因多样性

六年级　科学

02 “基因”一词的含义不包括（　）。

A. “gene”的读音

B. 生命中最基本的因素

C. 生命中最重要的能量

六年级　科学

03 细胞核内容易被碱性颜料染成深色的物质是（　）。

A. 染色体

B. 线粒体

C. 叶绿体

六年级　科学

04 人类的全部遗传信息是分段储存在（　）对染色体中。

A.23

B.24

C.25

六年级　科学

05 下列关于基因突变的说法中正确的是（　）。

A. 基因突变的结果是随机的

B. 基因突变大概率是有益的

C. 基因突变在自然界中极其罕见

五年级　科学

06 基因的特性包括 ________ 和突变。

五年级 科学

07 ________ 是一种新型基因检测技术，它能够从生物细胞中分析测定基因序列，是人们识别病毒的好帮手。

六年级 科学

08 ________ 是“精准医疗”的基础，可以给患者匹配最合适的治疗手段。

八年级 科学

09 “炎黄计划”是对 100 个 ________ 进行基因组测序的工程。

六年级 科学

10 ________ 研究包括水稻基因组测序和水稻基因组信息，是继“人类基因组计划”后的又一重大国际合作的基因组研究项目。

名词索引

头脑风暴答案

1 C	6 复制
2 C	7 基因测序
3 A	8 基因图谱
4 A	9 黄种人
5 A	10 水稻基因组计划

致谢

《课后半小时 中国儿童核心素养培养计划》是一套由北京理工大学出版社童书中心课后半小时编辑组编著，全面对标中国学生发展核心素养要求的系列科普丛书，这套丛书的出版离不开内容创作者的支持，感谢米莱知识宇宙的授权。

本册《生命密码 揭示生命的奥秘》内容汇编自以下出版作品：

[1]《这就是生物：破解基因的密码》，北京理工大学出版社，2022 年出版。

[2]《这就是生物：地球生态需要保护》，北京理工大学出版社，2022 年出版。

[3]《这就是生物：上天入海寻踪生命》，北京理工大学出版社，2022 年出版。

[4]《超级工程驾到：亚洲人的基因库——炎黄计划》，北京理工大学出版社，2022 年出版。

图书在版编目（CIP）数据

课后半小时：中国儿童核心素养培养计划：共31册/
课后半小时编辑组编著. -- 北京：北京理工大学出版社, 2023.5
ISBN 978-7-5763-1906-4

Ⅰ. ①课… Ⅱ. ①课… Ⅲ. ①科学知识—儿童读物
Ⅳ. ①Z228.1

中国版本图书馆CIP数据核字(2022)第233813号

出版发行 / 北京理工大学出版社有限责任公司
社　　址 / 北京市海淀区中关村南大街5号
邮　　编 / 100081
电　　话 / （010）82563891（童书出版中心）
网　　址 / http: //www. bitpress. com. cn
经　　销 / 全国各地新华书店
印　　刷 / 雅迪云印（天津）科技有限公司
开　　本 / 787毫米 × 1092毫米　1 / 16
印　　张 / 83.5
字　　数 / 2480千字
版　　次 / 2023年5月第1版　2023年5月第1次印刷
审 图 号 / GS（2020）4919号
定　　价 / 898.00元（全31册）

责任编辑 / 封　雪
文案编辑 / 封　雪
责任校对 / 刘亚男
责任印制 / 王美丽